Marie-Louise Monrad Møller

Schlaf

Ein literarischer Essay

Mit Bildern von Enikő Katalin Eged

Kein Heft über Träume

MaroVerlag

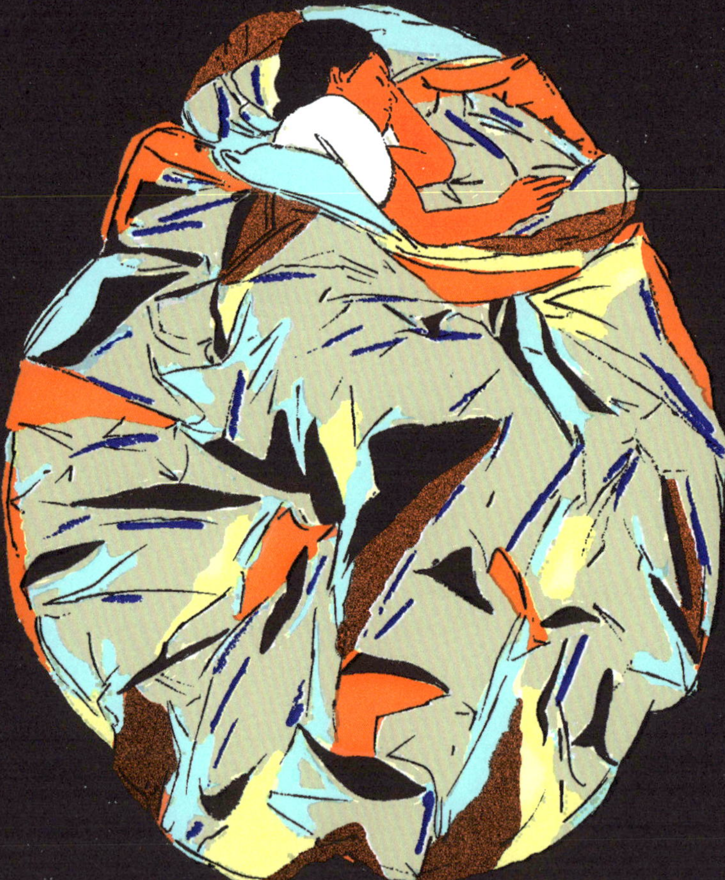

1

Der Flug dauerte über zwölf Stunden. Während wir Meridiane überquerten, schob sich uns die Nacht entgegen. Die Turbinen summten. Im hinteren Teil des Flugzeugs stand ein Wagen mit Getränken und Snacks, an denen man sich selbst bedienen konnte. Ich ging öfter hin, kippte Rotwein in einen Plastikbecher und nahm immer auch eine Handvoll Fazer-Schokolade mit, die ich zurück am Platz als kleines Depot in meiner Tasche anlegte. Ich hoffte, der Alkohol würde mich müde machen.

Während ich darauf wartete, dass der Alkohol mich müde machte, fühlte ich mich flirrend, seltsam energiegeladen, und wurde immer wieder von der furchteinflößenden Erkenntnis eingeholt, mich gerade 10.000 Meter über dem Erdball zu befinden. Dann ging ich erneut zur Bar und schenkte nach. Es war eine Abwärtsspirale.

Vereinzelt flimmerten bläuliche Filmschirme im abgedunkelten Flugzeugkokon. Die meisten Passagiere hatten sich in die grauen Fleecedecken gewickelt, die vor dem Start auf jedem Platz, eingeschweißt in Plastik, gelegen hatten. Es gab auch Ohrenstöpsel und eine erstaunlich hochwertig wirkende Schlafmaske aus Frottee, die mein Freund sich nach dem Verzehr der ersten Mahlzeit gleich aufgesetzt hatte und erst wieder abnahm, als ich ihn für die zweite weckte.

Wir landeten gegen zehn Uhr abends. Das Flugpersonal lächelte beim Bye-Bye-Sagen. Als wir durch den Fluggasttunnel gingen, war mir, als federe ich auf schwankenden Wolken und müsse mich gleichzeitig mit jedem Schritt gegen einen unsichtbaren Widerstand stemmen.

Ich sagte zu meinem Freund, dass es sich beim Jetlag um eine klassifizierte Schlafstörung handelt, die zu den zirkadianen Schlaf-Wach-Rhythmusstörungen zählt und dass mich das Wort zirkadian immer an Zikaden denken lässt, beziehungsweise daran, dass ich in Griechenland einmal gehört hatte, wie diese Tierchen von einer Sekunde zur anderen eingesetzt hatten, vollkommen synchron in den Bäumen. Eine Wand aus Insektensummen.

Ich hatte das Zirpen damals mit dem Smartphone aufgenommen und diese Aufnahme hielt ich nun, während wir auf dem Beförderungsband in Tokyo-Haneda standen, ans Ohr meines Freundes. Er kommentierte bloß, dass es auch in Japan sehr viele Zikaden gebe, nur andere wahrscheinlich.

Ich erzählte ihm, dass die Ursache für die absolute Synchronizität des Zikadeneinsatzes bis heute ein Rätsel sei. Ihr Lebensrhythmus werde, so die Annahme, von einer inneren Uhr gesteuert. Auch Pflanzen und Menschen haben diese innere Uhr. Jede Zelle unseres Körpers ist auf einen etwa 24-stündigen Kreislauf eingestellt.[1] »Wir verfügen über einen regelrechten Uhrenladen«,[2] sagte der Molekularbiologe Gregor Eichele einmal, und die wichtigste Uhr tickt im Gehirn, im sogenannten Nucleus suprachiasmaticus.

Mein Freund sagte, dass er sich freue, dass ich offensichtlich wieder ein Thema gefunden hatte, für das ich mich begeistern konnte.

Unser Hotel lag in einer schmalen Gasse, unweit der Shibuya-Kreuzung. Mein Freund erledigte den Check-in. Im Gesicht der Rezeptionistin suchte ich nach Erstaunen über sein fließendes Japanisch und war enttäuscht darüber, keines zu finden. Nachdem sie unsere Reisepässe wieder über den Tresen geschoben hatte, kam sie dahinter hervor und wies uns an, ihr zum Fahrstuhl zu folgen. Sie drückte selbst auf den Knopf, wartete, bis die Türen sich geöffnet hatten, schob unsere Koffer einzeln und jeweils mit beiden Händen in die Aufzugkabine, ließ uns danach den schmalen, noch freien Platz darin betreten und verbeugte sich. Ich sah ihren Scheitel, als die Fahrstuhltüren sich schlossen.

Auf dem Weg nach oben bemerkte mein Freund, die Rezeptionistin habe ihn an einen Romanausschnitt erinnert, beziehungsweise daran, dass er einen gewissen Roman schon seit Längerem habe lesen wollen. Er tauchte im Suchmodus ab. Als ich die Plastikkarte ans Schloss der Zimmertür hielt, die Tür öffnete und den Elektrospalt für die Karte an der Wand suchte, starrte er noch immer in sein Telefon und blickte erst wieder auf, als ich mir bereits die Hände gewaschen und mich über eine quadratische Miniwanne im winzigen Bad amüsiert hatte. Auch der Rest des Zimmers war nicht sehr groß, vielmehr sehr klein. Wir konnten geradeso nebeneinanderstehen und stießen dabei fast mit den Knien ans Bett. Er gab mir sein Handy und wollte, dass ich die Vorschau eines Artikels auf JSTOR las. Ich zog mir Schuhe und Jacke aus, legte mich quer auf die Matratze und blickte aus dem Fenster. Eine orange-grüne Leuchtreklame strahlte unten in der Gasse. 7-Eleven. Warum Seven-Eleven?

Waren früher von sieben bis elf geöffnet, wusste mein Freund.

Und jetzt?

Rund um die Uhr. Aus Seven-Eleven wurde Twenty-four seven.

Ich musste an das Buch *24/7. Schlaflos im Spätkapitalismus* von Jonathan Crary denken, aber mein Freund unterbrach mich dabei. In dem Roman, den ich lesen wollte, sagte er, geht es um ein Hotel für den perfekten Schlaf, das dürfte dich ja eigentlich interessieren.

Perfekter Schlaf, was soll das sein?

Du bist doch die Expertin, meinte er, zog sich ebenfalls die Schuhe aus und legte sich neben mich.

Vielleicht der Schlaf, an den man sich überhaupt nicht erinnert, sagte ich.

Also ein Zustand wie tot?

Hypnos und Thanatos sind nicht umsonst Zwillingsbrüder.

Wer waren die nochmal?

Hypnos ist der Gott des Schlafs, Thanatos der Gott des sanften Todes. Ihre Mutter ist die Nacht, Nyx.

Woher willst du wissen, dass man sich tot an nichts erinnert?

Na gut, seufzte ich, dann eben der Schlaf, aus dem man vollkommen erholt erwacht. Ich krabbelte wieder aus dem Bett, um mein Notizbuch aus der Tasche zu holen.

Auch eine Schokolade?

Mein Freund schüttelte den Kopf. Er wolle duschen gehen, sagte er, legte sich auf den Rücken und starrte an die Decke.

Hätte im Flugzeug nicht schlafen sollen, murmelte er, jetzt bin ich so wach.

Ich hab nicht geschlafen und bin trotzdem wach, sagte ich, und blätterte zu meinen Crary-Notizen.

Der Kunsthistoriker Jonathan Crary attestiert der heutigen Gesellschaft die Auflösung einer zyklischen Zeiterfahrung. Folgt man seinen Ausführungen, haben elektrisches Licht, Industrialisierung, Kommerz, Konsum, Globalisierung und Digitalität ein Paradigma des 24/7 evoziert, eines immerwährenden »On«, das letztlich eine »Zeit ohne Zeit« bedeute.[3] Er schreibt: »Zwar werden Menschen nach wie vor schlafen. Auch brodelnde Megastädte werden nachts Phasen relativer Ruhe haben. Schlaf ist aber heute eine Erfahrung, die nicht mehr als eine Naturnotwendigkeit gilt. Wie vieles andere auch wird er als eine variable, aber kontrollierbare Funktion aufgefasst, die sich nur instrumentell und physiologisch bestimmen lässt.«[4]

Das von Crary diagnostizierte Rund-um-die-Uhr ist nicht nur deshalb so fatal, weil es einen unerbittlichen Gegenpart zum biologischen Rhythmus des Menschen darstellt. Aus kapitalistischer Sicht ist der Schlaf ein Störfaktor: Schlafend kann man weder konsumieren noch arbeiten. Im Schlaf ist man anwesend, aber nicht wach. Man ist da, aber nimmt nicht wahr. Man nimmt nicht wahr, aber ist nicht tot. Es ist eben der Schlaf. Und als dieser Weder-Noch-Zustand kann er in der Gesellschaft des 24/7 keinen Wert besitzen, denn wenn wir in einer »Zeit ohne Zeit« leben, verschwinden nicht nur die Pausen,[5] sondern auch die Zwischenzeit, das Uneindeutige, wenn du so willst.

Ich finde meinen Zustand gerade ziemlich zwischen, murmelte mein Freund und gähnte.

Ja und nein, sagte ich und freute mich, dass ich jetzt mit meinem mythologischen Wissen ausholen konnte: Kennst du Endymion?

Mein Freund seufzte, seh ich so aus?

Endymion ist ein unglaublich schöner Hirte in der griechischen Mythologie. Die Mondgöttin Selene verliebt sich unsterblich in ihn und – sofern ich es richtig verstanden habe – bittet sie Zeus darum, Endymion in ewigen Schlaf zu versetzen.

Warum?

Damit sie ihn des Nachts ungestört betrachten kann. Nacht für Nacht zieht Selene also über den Himmel und begehrt ihren schlafenden, schönen Geliebten.

Creepy.

Der Punkt ist: Endymion schläft einen Schlaf ohne Alter, einen Schlaf ohne Erwachen und einen Schlaf ohne Sterben. In ihm verkörpert sich das Paradox des Schlafs, er ist der Schlaf an sich, die anwesende Abwesenheit.[6] Ich mag ihn, weil er viele Fragen aufwirft. Vielleicht verkörpert er etwas, das ich in unserer Gegenwart vermisse.

Mein Freund schaute mich jetzt halb interessiert, halb ermüdet an. Ich wusste, dass ich in solchen Situationen einfach weiterreden konnte. Zwar leben wir in einer pluralistischen Welt, sagte ich, aber wir leben auch in einer Welt, in der Mythen zu Verschwörungen werden und nach vermeintlichem Richtig und Falsch, nach allgemeingültiger Eindeutigkeit gefahndet wird, auch dort, wo sie nicht zu finden ist. Wenn man sich jedenfalls anschaut, wie bei uns über den Schlaf gesprochen wird, beziehungsweise wie wir versuchen, ihn zu kontrollieren, zu bändigen, zu messen, zu überlisten oder zu entschlüsseln, dann scheint mir, dass es schwerfällt, ihn grundsätzlich als den widersprüchlichen, ja, wenn man so möchte, mystischen Zustand auszuhalten, der er ist.

Erst jetzt bemerkte ich, dass mein Freund die Augen geschlossen hatte, döste. Während ich ihn betrachtete, hatte ich das süße Gefühl eines stillen temporären Verlusts.

Vielleicht liegt die Poesie von Endymions Schlaf auch in der Hoffnung auf sein Erwachen. Schläfst du?

Leider nicht, erzähl weiter.

Ich blätterte ein bisschen in meinen Notizen. Der Philosoph Fabian Goppelsröder sieht nicht im Schlaf, sondern in der Müdigkeit ein Beispiel für eben jenen heute so unliebsamen Zwischenzustand. Er findet, dass in einer Welt des 24/7 die Müdigkeit »das eigentliche Skandalon« ist: »Sie auszuschalten, zu beseitigen ist das Ziel der unser Denken, Tun und Handeln bestimmenden Sehnsucht nach Optimierung. Wo Reibungslosigkeit zum Kriterium schlechthin geworden ist, erscheint Müdigkeit nur noch als lästiger Sand im Getriebe.«[7]

Sehe ich anders, warf mein Freund ein. In der Redaktion habe ich eine Kollegin, die lässt alle wissen, wenn sie müde ist. Sie behauptet sehr gerne, bis spät in die Nacht »an etwas gesessen« zu haben.

Genau, erwiderte ich, aber ihre Müdigkeit ist an Produktivität geknüpft, sie ist ein Leistungsmerkmal. Deine Kollegin brüstet sich mit wenig Schlaf. Ich würde das als Überbleibsel der Aufklärung bezeichnen. Wer schläft, denkt nicht. Wer nicht denkt, ist nutzlos. Cogito ergo sum.

Von wem ist das nochmal?

Ist doch egal. Schlafen kann jedenfalls als Leistungsverweigerung betrachtet werden und Müdigkeit prestigevoll sein. Vorausgesetzt ihre Ursachen sind Fleiß und Disziplin.

Das ist so bescheuert, fand mein Freund, ein Text ist ja nicht zwangsläufig besser, nur weil jemand ihn nachts geschrieben hat.

Ja, aber irgendwie hält sich dieses Klischee. Es gibt doch auch diese Vorstellung, dass Künstler am liebsten nachts arbeiten und den ganzen Tag pennen. Heißt umgekehrt auch: Sie dürfen schlafen, wann und so lange sie wollen, und bewegen sich so angeblich außerhalb des normativen Gesellschaftssystems. Dass die wenigsten Kunstschaffenden in Deutschland von ihrer Arbeit leben können und für Lohnarbeit möglicherweise ebenfalls früh aufstehen müssen, wird gerne vergessen. Lang lebe der Geniekult!

Ich bin gegen den Geniekult. Mein Freund richtete sich auf. Auch Goethe musste mal aufs Klo, apropos.

Er robbte von der Matratze runter ins Bad.

Einstein schlief angeblich immer zwölf Stunden am Stück, kommentierte ich, legte mein Notizbuch zur Seite und schaute wieder aus dem Fenster.

Das Stück Nachthimmel, das ich über den Dächern sehen konnte, war sehr dunkelgrau, aber nicht schwarz. Lichtschatten in der Luft. Das englische Wort *enlightenment* als Bezeichnung für das Zeitalter der Aufklärung leuchtete mir plötzlich ein. Die elektrische Helligkeit, die Ruhephasen auslöscht. Das Erhelltwerden im Sinne von Erleuchtung, Erweckung, *hell*-wach sein. Ich drehte mich vom Fenster weg und griff zur Fernbedienung.

Im japanischen Fernsehen sprachen Menschen in Mikrophone. Auf einem Sender blieb ich kurz hängen und sah, wie einem Fisch Rogen entnommen wurde, der anschließend auf einem kleinen Porzellan-

MINI
CUP
NOODLE
SEAFOOD
NOODLE
シーフードヌードル

teller angerichtet und mit einem Veilchen garniert dalag. Ansonsten liefen überall Interviews. Meist standen die sprechenden Personen vor Gebäudeeingängen oder saßen an länglichen Tischen. Die Männer trugen Anzug, die Frauen Bluse und Blazer. Ich hatte in diesem Land quietschbunte Shows erwartet. Wer schaute um diese Zeit Nachrichten? Menschen, die wie ich nicht schlafen konnten?

Plötzlich tauchte Angela Merkel zwischen den Sprechenden auf. Sie in diesem fremdländischen Medienkontext zu sehen, war ungewohnt für mich. Ich weiß nicht, ob es ein plötzliches Nähe- oder Distanzgefühl war, das mich überkam. Ihre überschminkten Augenringe fielen mir auf. Ich musste daran denken, dass über sie das Gerücht kursierte, sie schlafe nur polyphasisch, alle paar Stunden für zwanzig Minuten. Etwas, das vielen Politiker:innen nachgesagt wird. Goppelsröder schreibt, dass Politiker:innen, Militärs und Manager:innen sich bis heute darin übertreffen, »ihr minimales Schlafbedürfnis öffentlich zu machen und suggerieren damit nicht zuletzt eine überdurchschnittliche Kraft und Lebensenergie. Weil sie sich selbst dem Tod auf Zeit entziehen können, ist ihnen auch das Leben anderer anzuvertrauen.«[8] Als Zustand der Handlungsunfähigkeit steht das Schlafen eben auch dem Prinzip der Herrschaft im Weg. Die Frankfurter CDU-Lokalpolitikerin Bernadette Weyland antwortete auf die Frage, warum sie von sich behaupte, kein einfacher Mensch zu sein: »Ich bin sehr ungeduldig, ich verlange sehr viel. Ich muss mich deshalb manchmal erst auf Leute einstellen, die anders arbeiten. Ich stehe sehr früh auf, bin sehr diszipliniert, arbeite sehr lange. Und ich brauche wenig Schlaf, zum Glück.«[9] Herzlichen Glückwunsch an den fleischgewordenen Traum des Kapitalismus!

Merkel im japanischen TV sah meiner Meinung nach nicht gesund aus, und ich fragte mich, ob sie Medikamente nahm, um die Folgen des Schlafmangels auszugleichen, Mittelchen gegen Konzentrationsstörungen, Irritationen, Ängste, Depressionen, Stimmungsschwankungen, fehlendes Selbstwertgefühl, Impulsivität, Appetitlosigkeit, Bluthochdruck, Diabetes, Herzinfarkt …

Da fielen mir die Schlaftabletten ein, die sich im Kulturbeutel meines Freundes befanden und die er nur gekauft hatte, weil es möglich war. Halbnackt kam er jetzt aus dem Bad und trocknete sich mit einem weißen Handtuch die Haare ab. Wasserdampf und Duschgelgeruch. Er sagte, er liebe diese Handtücher, die gebe es nur hier. Ich fragte, was an ihnen besonders sei. Er sagte, die Größe, die sind weder-noch. Er breitete das Handtuch aus und tatsächlich hatte es ein Format, das ich in Deutschland so noch nicht gesehen hatte. Dann fügte er hinzu, dass das Duschen zwar eine Wohltat gewesen sei, er sich jetzt aber noch wacher fühle als vorher.

Willst du eine Hoggar nehmen?, fragte ich.

Er verzog das Gesicht. Ich dachte daran, wie oft wir auf Clubtoiletten Pillen geschluckt hatten, um ja nicht müde zu werden.

Hast du den Ausschnitt gelesen?, fragte mein Freund und nickte Richtung Handy, das immer noch neben mir lag.

Wie ist dein Code?

Er entsperrte das Display für mich. Die Vorschau des Artikels leuchtete auf. Ich las: »In Kurita's later novel *Oteru Moru* (Hôtel Mole, 2005), a woman asks her boss why she was picked for the job of hotel receptionist. The boss replies: ›Your features. I knew when I saw your resume photograph, and I knew for sure when you came for the interview, and I saw you sitting at the front desk. Your face is a face that invites sleep, or what in the industry we call a »sleep-inducing appearance.« When customers see that face, they have a hint that they are going to sleep well that night.‹«[10]

Mir gefiel das Bild eines einschläfernden Gesichts, auch wenn ich unentschlossen war, inwiefern das als Kompliment funktionierte. Dann gab ich ihm das Handy zurück, nahm mein eigenes und googelte Tipps gegen Jetlag:

Fang schon zu Hause an.
Stelle deine Uhr auf die neue Zeitzone ein.
Schlag dir den Magen nicht zu voll.
Verzichte auf Alkohol und Koffein.
Plane einen Zwischenstopp ein. Du kannst zum Beispiel
ein paar Tage in Dubai, Abu Dhabi oder Singapur verbringen.
Mach dich locker in den ersten Tagen![11]

Wir beschlossen, in eine Karaokebar zu gehen. Man gab uns einen Raum, von dem mein Freund sich mehr oder weniger und ich mir sehr sicher war, dass es sich um einen ikonischen Drehort von *Lost in Translation* handelte. Durch die große Fensterfront sah ich die bunten Lichter einer Metropole und wähnte mich angesichts dessen mit Scarlett Johansson verbunden. Mein Freund bediente die Fernbedienung der Karaokemaschine, tippte mit dem Stift auf dem kleinen Display herum, bis auf dem großen Bildschirm an der Wand ein Video erschien. Die Ästhetik des Musikclips erinnerte mich an Kuschelrock-CD-Cover. Die Bilder zur Musik wurden in Zeitlupe abgespielt, der Sound war midi. Die Situation war kosmopolitisch. Ich trank eisgekühltes Bier und fühlte mich auf angenehm unangenehme Art lebendig. Meine Körperzellen begriffen den neuen Sonnenstand noch nicht. Ich fragte mich, ob sich das Altern aufhalten ließe, wenn ich ständig um die Welt flöge, um den Zeitzonen zu entkommen, und musste an Vampire denken.

Wir sangen Lady Gaga und mehrere Songs von den Beatles. Hinter den Augen fing die Müdigkeit an zu jucken.

Auf dem Weg zurück ins Hotel einigten wir uns darauf, dass die Beatles schon gut gewesen waren. Ich fragte meinen Freund, ob er als Japankenner der Meinung sei, dass Yoko Ono die Band zerstört habe. Er sagte, dass er nicht denke, für die Beantwortung dieser Frage qualifiziert zu sein. Ich sagte, ich bin auch keine Altphilologin, trotzdem schnüffele ich in Mythen herum. Er sagte, das sei ein komischer Vergleich und dass er sich für komplizierte Gespräche jetzt nicht mehr in der Lage sehe. Der Himmel hellte sich langsam auf.

Als wir im Bett lagen, die Verdunkelungsgardinen zugezogen hatten, griff ich noch einmal zum Handy. Ich wollte meinem Freund das Video zeigen, auf das ich neulich gestoßen war. Es zeigte Yoko Ono und John Lennon im Bett eines Hotelzimmers in Montreal.[12] Studentenproteste tobten, Vietnam brannte. Ono und Lennon hielten sich eine Woche lang nur in diesem Bett auf. Journalist:innen, Prominente, Fans und Freund:innen kamen sie dort besuchen. Legendäre Fotos entstanden. Im Video sind die beiden allein zu sehen. Yokos Kopf an Johns Brust. Ihr schwarzes Haar in weißen Laken. Geschlossene

Augen. John streichelt Yokos Schulter. Die Kamera hält drauf. Tuscheln, Grinsen. Küsse auf den Kopf. Lennon zieht Ono noch näher an sich heran, wendet den Blick zum Kameramann, zögert, grinst. Plötzlich platzt aus ihm heraus: »Go away!« Lachend rollt er sich auf Yoko, wendet der Kamera den Rücken zu.

Als Yoko Ono und John Lennon ihre sogenannten *Bed-ins for Peace* veranstalteten, erwarteten Teile der medialen Öffentlichkeit, dass das Paar vor laufender Kamera Sex haben würde. Auf dem Cover des Albums, das sie im November 1968 gemeinsam veröffentlichten, posieren sie nackt. Im Hotelbett trugen sie Pyjamas.

Mein Freund gähnte. Und, hatten sie?

Nein.

Schade. Er schloss die Augen. Muss schlafen jetzt, gute Nacht.

Ich lag neben ihm und hörte, wie sein Atem immer gleichmäßiger wurde. Der Beatles-Song, den wir vorhin gesungen hatten, hallte in mir nach. Please, don't wake me, no, don't shake me, leave me where I am, I'm only sleeping.

2

Vor dem Edeka hielt ein LKW und ließ den Motor laufen. Die Abgase vermischten sich mit den Spuren erdigen Rauchs, der in der winterlichen Morgenluft lag und mich daran erinnerte, dass außerhalb dieser Straßen, Häuser und Schornsteine irgendwo Felder begannen, die sich Brandenburg nannten. Aus dem Untergrund leuchtete es hell.

Ich ging die Stufen runter zur U9, direkt zum kleinen Kiosk, der sich auf dem Bahnsteig befand. Die Fenster waren voller bunter Schokoriegel. In der Auslage: Börek, Aufbackcroissants, belegte Brötchen. Der junge Verkäufer sah mich schlaff auffordernd an. Ich bestellte einen Kaffee. Der Mann gab mir zu verstehen, dass die Maschine gerade leider defekt sei. Er erinnerte mich optisch an die jüngere Version eines Arztes, bei dem ich einmal gewesen war, und ich wollte mir vorstellen, dass er sich nach seiner Kioskschicht zu Hause über dünnseitige Bücher hockt und Anatomie studiert, aber es gelang mir

nicht. Verschämt kaufte ich einen Snickers, den ich in meiner Manteltasche verschwinden ließ.

Die Bahn hatte Verspätung und ich ertappte mich dabei, wie ich auf meiner Unterlippe kaute. Irgendwo hatte ich einmal gelesen, dass es beruhigend wirken sollte, vor Prüfungen aller Art die Stimme der eigenen Mutter zu hören. Ich war mir nicht sicher, ob das für mich auch galt, aber ich konnte es zumindest versuchen und rief sie an. Sie ging nach zwei Mal klingeln ran. Fragte, warum ich schon wach sei. Ich erwähnte das Vorstellungsgespräch.

Na, das ist ja nicht gerade optimal, sagte sie, ich meine für dich.

Wieso?

Um diese Zeit? Wo du doch so gerne schläfst.

Ich bereute meinen Anruf.

Gerne schlafen, was soll das heißen?, fragte ich.

Sie seufzte.

Ich sagte, dass mir die Sinnlosigkeit dieser Formulierung schon vor langer Zeit aufgefallen war.

Während eines Sprachkurses, den ich in Frankreich gemacht hatte, wurden wir einmal nach unseren Hobbys gefragt. Betty aus Australien sagte: *dormir,* und wenn wir montags berichten sollten, was wir am Wochenende gemacht hatten, sagte sie immer: *j'ai dormi.* Ich habe geschlafen. Damals sah ich Betty vor mir, 48 Stunden lang schlafend. Meine Irritation über ihre Antwort lag nicht nur darin begründet, dass Betty behauptete, zwei Tage am Stück zu schlafen, sondern darin, dass sie das Schlafen als eine Tätigkeit begriff, die man Hobby nennen konnte.

Ich kann nicht sagen, dass ich gerne schlafe. Ich weiß nur, wenn ich mir keinen Wecker stelle, schlafe ich zehn Stunden am Stück.

Das mein ich doch, sagte meine Mutter, du schläfst schon gern. Dann fragte sie, um was für einen Job es sich handele, aber bevor ich antworten konnte, gratulierte sie mir schon dazu, dass ich jetzt offenbar endlich erwachsen würde. Rentenkasse, Sozialversicherung, diese Worte an meinem Ohr, während Wind durch den U-Bahn-Schacht wehte und das Rauschen aus dem Tunnel näherkam. Als die Bahn einfuhr, erhaschte ich kurz das blasse Gesicht des Fahrers.

Altersarmut, Verantwortung, hörte ich meine Mutter sagen, als ich mich in einen der vollen Waggons drängelte und damit einen Raum betrat, der nach verbranntem Gummi, Hund und den Parfums morgendlicher Büromenschen roch.

Kann sein, dass ich gleich weg bin, sagte ich und legte auf.

Ich hielt mich an der Stange über mir fest und spannte meine Bauchmuskeln an, um vom Ruckeln der Bahn nicht zu sehr hin und her geschubst zu werden. Neben mir stand eine stark geschminkte Frau mit hochgesteckten Haaren. Ihr Blick ging stumpf geradeaus, dann schloss sie die Augen. Die Länge ihrer Wimpern faszinierte mich. Sie schlug die Augen wieder auf, sah mich direkt an, drehte sich ein Stück zur Seite. Schnell schaute ich ebenfalls weg.

Mir fiel ein Youtube-Video ein, das ich einmal gesehen hatte. Es wurde in einer Metro irgendwo in Asien aufgenommen und zeigt, wie eine junge Frau (vermeintlich) einschläft und ihren Kopf dabei auf der Schulter der fremden Person neben sich ablegt. Immer wieder. Es wurde mit versteckter Kamera gefilmt und als soziales Experiment tituliert.[13] Als die vermeintlich Schlafende ihren Kopf auf die Schulter der fremden Person neben sich legt, wirkt diese kurz irritiert, lächelt dann aber und lässt die Frau an ihrer Schulter ruhen. Man stelle sich vor, dieselbe Berührung ginge von einem wachen Menschen aus. Verändert der Schlaf Machtgefälle? Das gleiche Experiment wurde auch mit einem Mann als Protagonisten gefilmt. Er wurde von den Sitznachbar:innen öfter als die Frau geweckt und zum Teil weggestoßen.

Mein Handy vibrierte, ich ignorierte es. Dann holte ich es doch heraus. Es war Mascha. Ich nahm sofort ab.

Hallo?

Hey, wollte dir viel Glück wünschen, sagte sie und klang erstaunlich nah.

Wie lieb von dir. Es rührte mich tatsächlich, dass sie daran gedacht hatte.

Ist doch klar. Bist du aufgeregt?

Geht, sagte ich.

Sie fragte mich, wie ich mir den potenziellen Arbeitgeber und das Interview vorstellte, aber es war mir unangenehm in der vollen Bahn darüber zu sprechen, eng an eng unter Fremden. Kann gerade nicht so gut sprechen, flüsterte ich und fragte sie leise, wie spät es gerade bei ihr war.

Kurz nach elf. Gehe gleich ins Bett.

Verrückt.

Total.

Dann blieb es stumm. Der abrupte Abbruch kam erwartet und hinterließ doch kurz ein schales Gefühl.

Ich ließ mein Handy wieder in die Manteltasche gleiten.

Bis auf das rhythmische Rattern der Bahn, war es erstaunlich still im vollen Wagen. Niemand sprach. Nur leise Plingpling-Geräusche waren zu hören, und ich entdeckte einen Schuljungen mit Spiderman-Jacke, der eingezwängt zwischen zwei nahezu identisch gekleideten Männern um die vierzig (dunkle Anoraks, schwarze Schnürschuhe, Aktentaschen) auf der Bank saß und in ein Handy starrte, das er in beiden Händen hielt. Er bewegte die Daumen schnell auf dem Display. Seine Haare standen an einer Seite ab. Ich stellte mir vor, wie ihm gerade noch eine Hand über den Kopf gestrichen hatte, wie er davor in einem stickigen Kinderzimmer aufgewacht war, umgeben von Marvel-Figuren, und wurde daran erinnert, wie meine Mutter mich als Kind geweckt hatte.

Tür auf, Licht an. Aufstehen!

Wie stockdunkel die Wintermorgen in meiner norddeutschen Heimat waren. Wie ich um 6:25 Uhr an der Dorfstraße unter dem milchigen Licht einer schwachen Straßenlaterne gestanden hatte und auf den Schulbus wartete. Mich holte er immer als erstes ab, ich hatte stets freie Platzwahl. Wie der Bus langsam über die geschwungenen Landstraßen bis nach Flensburg fuhr und wie ich versuchte, während der Fahrt zu schlafen, aber die Moderationsstimmen von Radio Schleswig-Holstein zu penetrant waren. In der ersten Schulstunde fühlte ich mich schlafwarm, vernebelt, mit Mundgeruch. In der Zweiten machte sich ein ekliges Hungergefühl in der Magengrube bemerkbar. Ich weiß nicht, was ich in dieser Zeit lernte. Am Wochenende schlief ich bis 13 Uhr. Wäre ich als Stadtkind morgens leichter aus dem Bett gekommen, wenn eine leuchtende Metro mich zur Schule gebracht hätte? Wäre dann alles anders gewesen und geworden und ich jetzt vielleicht auch wie Mascha an einem kalifornischen Forschungsinstitut tätig? Ich durfte jetzt nicht Gefahr laufen, die Sinnhaftigkeit des mir bevorstehenden Vorstellungsgesprächs zu hinterfragen. Ich musste mir eingestehen, dass ich momentan gar keine andere Wahl hatte. Menschen müssen halt Geld verdienen, hatte meine Mutter gesagt, auch du. Es hatte sie schon immer geärgert, dass ich weder ein Talent für Zahlen besaß noch handwerklich begabt war oder irgendein anderes Interesse für Tätigkeiten mit konkreten Berufsaussichten hatte.

Der einzige Unterricht, für den ich während der Schulzeit gerne früh aufgestanden war, waren die Kunststunden gewesen. Unsere Lehrerin hatte große blaue Augen, die sie mit viel Wimperntusche schminkte. Sie trug schlichte skandinavische Klamotten, ihre Haare waren kurz. Als Croquis auf dem Lehrplan stand, folgten wir ihr mit Stiften und Blöcken in die Turnhalle. Dort setzte sie sich in der Hallenmitte auf den Boden. Sie machte Spagat, Kerze und ging in den Twist. Hot! In keiner Position verharrte sie länger als dreißig Sekunden. Wir zeichneten ihre agilen Posen mit schnellen Strichen. Sie wollte, dass wir geübt waren, wenn wir nach Paris fuhren, sie hatte eine Exkursion für uns geplant. Wir würden das Musée Rodin besuchen, das Musée Picasso, das Musée Marmottan, den Louvre, Monets Garten in Giverny und eine Vorstellung in der Opéra Garnier sehen. Sie gab zu, das Programm sei straff, »aber schlafen kann man, wenn man tot ist«. Ich weiß noch, dass mich dieser Satz aus ihrem Mund merkwürdig hart traf, denn als Teenie war ich ständig müde, obwohl ich nichts verpassen wollte. Es enttäuschte mich, dass meine Lehrerin offenbar fand, dass Zeit, die man schlafend verbrachte, verpasste Zeit war, dass sie Schlafen mit Faulheit assoziierte und dass ausgerechnet sie damit die Logik eines Weltbildes bediente, das ich erst später im Studium zu benennen lernte: »Im neoliberal-globalistischen Denken ist Schlafen nur etwas für Verlierer.«[14]

Tatsächlich scheint die Passivität des Schlafs heute mehr denn je legitimiert werden zu müssen. Sei es im kapitalistischen Sinne der Wiederherstellung von Arbeitskraft, die im Arbeitszeitgesetz als

Ruhezeit, sozusagen von Staatsseite reglementierte Erholung, vorgeschrieben ist. Oder im neoliberalen Sinne, in dem selbst das Abhängen der sich selbst verordneten Selbstoptimierung zu dienen hat.

2018 landete der US-amerikanische Schlafforscher Matthew Walker mit *Das große Buch vom Schlaf* einen populärwissenschaftlichen Bestseller. Der deutsche Untertitel lautet: *Die enorme Bedeutung des Schlafs. Beste Vorbeugung gegen Alzheimer, Krebs, Herzinfarkt und vieles mehr.*[15] Meine Kunstlehrerin starb wenige Jahre nach unserer Exkursion an Krebs. Soll daran jetzt ihre Unternehmungslust schuld gewesen sein? Dass sie das Schlafen lieber auf später verschieben wollte? Tatsächlich schlafen ja viele ältere Menschen in Wirklichkeit schlecht. Das menschliche Schlafverhalten verändert sich im Laufe des Lebens. Babys, Kinder und Jugendliche benötigen am meisten und ältere Menschen am wenigsten Schlaf. Ich musste daran denken, was ich während des Studiums noch alles gelesen und gelernt hatte, und daran, dass dieses Wissen für den mir nun möglicherweise bevorstehenden Job völlig unerheblich war, und dann hinterfragte ich diesen natürlich doch wieder und hatte deshalb kurz den Impuls, Tim zu schreiben, ließ es aber bleiben, weil ich ihn nicht nerven wollte. Wir hatten schon so oft darüber gesprochen.

Es ist doch nur ein Job, hatte er gesagt.

Es ist meine Zeit, hatte ich geantwortet.

Wir hatten dann über Stechuhren, Stempelkarten und Zeiterfassung diskutiert. Mir kam meine Aushilfsstelle in den Sinn, die ich zu Studienzeiten bei einer Kulturinstitution gehabt hatte. Damals war es meine Aufgabe gewesen, Recherchen für eine Ausstellung zum Thema Somnambulismus durchzuführen. Mein Chef war nett, er hatte mich eingestellt, weil er wusste, dass ich verlässlich war und alles fristgerecht abgeben würde. Ich bekam einen Büroplatz bei zwei freundlichen Kolleginnen aus der Personalabteilung. Es gab keine festen Arbeitszeiten, aber man hatte ein- und auszustempeln. In meiner ersten Arbeitswoche kam ich zwischen 9:20 und 10:20 Uhr. In der zweiten Woche nahm mein Chef mich zur Seite. Ob ich es fortan einrichten könne, früher zu erscheinen? Das wäre ganz gut. Große Scham überkam mich. Dass ich keine Frühaufsteherin bin, fühlt sich schon immer wie ein Manko an. Ich entschuldigte mich bei meinem Chef und erschien fortan früher im Büro. In der ersten Stunde am PC trank ich hauptsächlich Kaffee, weil ich noch nicht klar denken konnte. Natürlich hatte Tim recht gehabt, das war trotz allem noch immer eine privilegierte Situation. Schichtarbeiter:innen haben gar keine Wahl. Unweigerlich fragte ich mich, wie es dem U-Bahn-Fahrer ging. Stundenlang schwarzbraune Tunnelwände sehen, Scheinwerfer, die sich auf festgelegten Bahnen durch die Dunkelheit graben. Ob er manchmal vergaß, wie spät es war, eine dunkle Zeitlosigkeit spürte? Ob die Bewegungen der Bahn ihn als Muskelzucken in den Schlaf begleiteten? Das Thema Sekundenschlaf blitzte kurz in meinen Gedanken auf. Quälte der Fahrer sich, wie so viele andere Lohnabhängige, viel zu früh aus dem Bett und litt unter dem, was Schlafforschende als Social Jetlag bezeichnen? Damit sind die negativen körperlichen und seelischen Folgen gemeint, die bei zahlreichen Menschen auftreten, weil sie einer konstanten Unvereinbarkeit zwischen ihrer biologischen Uhr und den externen, sozial vorgegebenen Zeiten ausgesetzt sind.[16] Trotzdem heißt es noch immer: Der frühe Vogel fängt den Wurm. Geradezu stolz warb das Land Sachsen-Anhalt in den 2000er Jahren mit dem Werbespruch: *Willkommen im Land der Frühaufsteher.* Der Slogan stand jahrelang an sachsen-anhaltinischen Autobahnen. Sein Ursprung war die Tatsache, dass es dem Land an Arbeitsplätzen mangelte und Großteile der Bevölkerung deshalb dazu gezwungen waren, besonders früh aufzustehen, um in die benachbarten Bundesländer zu pendeln. Wenn ich als Deutsche meine Bürgerpflicht erfüllen will, habe ich offenbar früh aufzustehen.

In Dänemark wäre das vielleicht anders. Zumindest gibt es dort seit einigen Jahren die sogenannte B-Society.[17] Statt von »Morgenmuffeln« und »Frühaufstehern« spricht man in Skandinavien von A- und B-Menschen. A-Menschen werden früher wach als B-Menschen. B-Menschen gehen später ins Bett als A-Menschen. Ob man A- oder B-Mensch ist, liegt in den Genen. A-Menschen schlafen nicht weniger als B-Menschen und B-Menschen nicht mehr als A-Menschen. A-Menschen sind nicht per se fleißig und B-Menschen nicht per se faul. Beide Typen schlafen ungefähr gleich viel, nur zu unterschiedlichen

Zeiten, und die Schlafforschung hat gezeigt, dass der Chronotypus der B-Menschen überwiegt.[18] Die B-Society tritt für die Berücksichtigung dieser individuellen Chronotypen im Schul- und Arbeitsalltag ein.[19] Auch hier wird zwar mit Leistungs- und Produktivitätssteigerung argumentiert, aber wenigstens wird der menschliche Biorhythmus als eine ernstzunehmende intrinsische Instanz begriffen, gegen die anzugehen sich auf Dauer nicht lohnt. Trotzdem ist das Internet voller Tipps, wie man vom »Morgenmuffel« zum »Frühaufsteher« wird. Biorhythmus-Konversionstherapie im Dienst des Kapitalismus. Wer möchte nicht zum A-Team gehören. Die reinste Sisyphosarbeit.

An der Endhaltestelle stieg ich aus und folgte den Beschilderungen zur U8. Unten angekommen, fuhr die Bahn gerade ein. Der leerste Waggon hielt direkt neben mir. Ich öffnete die Tür und stieg ein. Kaum waren die Türen wieder geschlossen, begriff ich, warum der Wagen so leer war, und hielt mir den Schal vor die Nase. Ein Mann lag auf einer der Bänke, zugedeckt mit einer Steppdecke. Er schnarchte. Ich dachte: Dieser Mensch war auch mal ein Säugling. Und dass der Schlaf zuweilen vielleicht der letzte Raum ist, der bleibt. Ein Raum ohne Wände, ohne Widerstand. Oder?

Mascha hatte mich einmal darauf aufmerksam gemacht, was 2018 an der Elite-Uni Yale passiert war. Die dortige Studentin Lolae Siyonbola war auf Facebook live gegangen und hatte gestreamt, wie sie von zwei Polizeibeamten und einer Polizeibeamtin in einem Treppenhaus auf dem Campus festgehalten und verhört wird. Eine Kommilitonin namens Sarah Braasch hatte die Polizei gerufen, nachdem sie Siyonbola in der Bibliothek schlafen sah. Die Polizei weckte Siyonbola. Was sie auf dem Campus zu suchen habe, warum sie dort schlafe. Siyonbola ist eine Person of Color. Braasch ist weiß. Zwei Wochen später schrieb der Kulturhistoriker Benjamin Reiss in der Los Angeles Times über den Fall und schloss seinen Artikel mit den Worten: »If home is where we go to sleep, then she [Siyonbola] caught a glimpse, for a frightening moment at least, of what it is to be homeless.«[20]

Mein Handy vibrierte schon wieder. Als ich in meine Tasche fasste, bemerkte ich, dass der Snickers warm geworden war. Ich ließ mein Handy unbeachtet und legte den Riegel dem schlafenden Mann hin.

An der nächsten Haltestelle stieg ich aus, um den Waggon zu wechseln. Versuchte, mich zu sammeln. Beruhigend ein- und auszuatmen, mich bemüht gedankenlos das letzte Stück durch den Untergrund befördern zu lassen.

3

Auf einer 25-stündigen Fährfahrt von Patras nach Ancona rückte ich gegen Mitternacht ein paar Stühle am Rande des Café- und Barbereichs zur Seite, in dem albanische, griechische, türkische, italienische und bulgarische LKW-Fahrer saßen und auf einen Fernseher starrten, der in der Ecke hing und eine hyperaktive Spielshow zeigte. Mangels Alternativen rollte ich unweit dieses Fernsehers meinen Schlafsack auf dem Boden aus und kroch hinein.

Draußen vor den Fenstern war Dunkelheit und Dieselgeruch. Drinnen meine feuchtklebrigen Haare und müde Haut. Die Tonspur der Fernsehshow dudelte weiter, auch als die letzten LKW-Fahrer schon lange von den Sesseln verschwunden waren. Nachdem ich mich vergewissert hatte, dass niemand mehr auf das Programm achtete, stand ich auf, ging zum Gerät und drückte seitlich darauf herum. Da ich keinen Ausschaltknopf fand, ging ich zur Bar, wo ich einen trägen Fährangestellten beim Gläserpolieren unterbrach. Ich sah ihm seine Müdigkeit an und er mir meine, und das war ein stillschweigend freundlicher Moment. Er griff zu einer Fernbedienung und stellte den Ton leiser, fast aus. Ich ging zurück zu meinem Schlafsack, legte mich hinein. Das Brummen der Motoren. Das seichte Schaukeln. Ich sank in unruhigen Schlaf.

Aus den Tiefen meines Gedächtnisses schwappten Bibelbilder auf, Jona, der auf einem Schiff einschläft. Ich konnte mir die Geschichte nicht mehr zusammenreimen, ich würde sie später nachschlagen, es gab kein WLAN auf dem Schiff und auch keinen Empfang.

Ich hatte einmal gewusst, dass Gott den Propheten Jona losschickt, um der Stadt Ninive ihren Untergang zu verkünden. Hatte gewusst, dass Jona vor diesem Auftrag flieht, sich auf ein Schiff in die entgegengesetzte Richtung begibt, sich dort ganz unten im Bug vor Gott versteckt. Und einschläft.

Im Schlaf einen Zufluchtsort finden.

Ich hatte gewusst, dass Gott nie schläft, alles sieht, 24/7. Zur Strafe einen Sturm über das Meer wüten lässt. Dass die Seeleute auf Jonas Schiff in Not geraten, ihre Götter um Hilfe anflehen. Dass sie Jona schlafend finden, wütend werden, ihn wecken, weil es sich im Schlaf nicht beten lässt. Dass Jona versteht, dass der Sturm die Strafe Gottes ist, dass diese Strafe ihm gilt, ihm, der nicht gehorcht hat. Dass er sich über Bord werfen lässt und Gott daraufhin das Unwetter beendet. Ich hatte gewusst, dass Jona im Meer von einem Wal verschluckt wird, in dessen Bauch er drei Tage und Nächte lang bleibt. Und dass das Tier ihn wieder ausspucken wird und Jona dann geläutert ist, und alles tun wird, was Gott ihm befiehlt.

Die raue Stimme eines Mannes weckte mich. Er schleuderte mir harsche Worte entgegen. Durch meine schlaftrunkenen Augen erkannte ich ihn schemenhaft (weißes Hemd und schwarze Hose) als Fährangestellten. Unruhig stand er vor meinen Füßen. Ich verstand seine Worte nicht, sehr wohl aber was sie bedeuteten, und richtete mich sofort auf. Schälte mich aus dem Schlafsack, beseitigte schleunigst alle Spuren meines Lagers.

Das Handy zeigte 6:55 Uhr. Gries krümelte in meinen Augenwinkeln. Der Fernseher in der Ecke lief wieder laut. Waldbrände flackerten. Feuer, die auf Erdoberflächen wüteten, die wir von hier aus nicht sehen konnten. Kontinuierlich bewegte die Fähre sich auf dem Wasser.

Dass der Fährangestellte, dieser fremde Mann, mich schlafend gesehen haben musste, bevor er mich geweckt hatte, erschien mir irgendwie intim. Plötzlich fürchtete ich, laut geschnarcht, gefurzt oder masturbiert zu haben. Mir fiel Bellinis Gemälde *Die Trunkenheit Noahs* ein. Es zeigt den alten rauschbärtigen Noah nackt schlafend inmitten seiner Weinberge. Er liegt auf der Seite, sein Körper erstreckt sich quer über die Leinwand. Seine drei Söhne umgeben ihn. Sem hockt hinter Noahs Kopf und hält ein rotes Laken, das Japhet, der am Fußende kniet, greift, um Noahs Scham damit zu bedecken. Beide wenden ihren Blick vom schlafenden Vater ab. Anders Ham, der sich hinter Noah befindet und lachend auf das eben noch entblößte Geschlecht des Vaters schaut.

Im Schlaf sind wir schamlos.

Später erfährt Noah, dass Ham ihn nicht zugedeckt hat, und verflucht zur Strafe dessen Sohn. Den schlafenden nackten Vater zu ehren hieße: Schaue ihn nicht nur selbst nicht an, sondern beschütze ihn auch vor den Blicken anderer, vor Blicken, denen er wehrlos ausgeliefert ist. Ich las einmal: Intimität braucht Wächter. Und diese Wächter heißen: Scham, Scheu, Peinlichkeit und Takt.[21]

Vielleicht war der harsche Tonfall des mich weckenden Fährmitarbeiters so ein Wächter, beziehungsweise vielleicht wollte er dadurch jeden Anflug von Intimität auf Anhieb zerstören, aus Scham oder Unbeholfenheit. Die weniger schöne Erklärung für seine unsanfte Art wäre, dass er unter Seafarer Fatigue litt, einem Krankheitsbild unter Seefahrer:innen, das sich in Launigkeit, vermindertem Reaktionsvermögen, Kopfschmerzen, Schwindel, Leichtsinn, Tollpatschigkeit äußern kann.[22] Symptome, die entstehen durch ständigen Lärm, Klimawechsel, Isolation, Überwachung, einseitige Ernährung, Bewegungsmangel, fehlenden Schlaf …

Ich nahm mein Gepäck und ging raus an Deck, solange die Sonne noch tief am Himmel stand. Meine Sachen legte ich in eine windgeschützte Ecke, in die Nähe einer Frau, die dort mit zwei Hunden auf einer Luftmatratze lag. Ein schweißiger, talgiger Geruch ging von ihnen aus und mischte sich in das Meerwassersalz. Ich schob einen der weißen Plastikstühle, die überall an Deck herumstanden, an die Reling und setzte mich so, dass ich meine Füße auf dem Geländer ablegen konnte. Der Wind war warm und wurde immer wärmer. Gischt wehte hoch. Einmal sah ich eine Meeresschildkröte sehr nah unter der Wasseroberfläche.

Als der Schatten gewandert war und es an Deck zu heiß wurde, nahm ich meine Sachen und ging wieder rein. Das Treppenhaus war kühl klimatisiert. Der Duty-free-Shop, der sich als kleiner Glaskasten im Foyer befand, war jetzt geöffnet. Niemand stand an der Kasse, es waren keine Menschen im Shop außer mir. Plüschschildkröten lagen in einem Korb, ich nahm eine heraus, berührte ihr weiches, synthetisches Material. An der Kasse stand ein Ständer mit Schlüsselanhängern, Miniaturantiken aus Plastik: kopflose Frauenstatuen, Tempelfassaden. Auf den Regalen standen bunte Dosen mit englischen Toffees und ein paar Parfums mit Fingerabdrücken auf dem Verpackungszellophan. An der Wand hing ein Plakat, es zeigte den blau umspülten Davidoff-Mann auf einem Felsen liegend, muskulös und braun gebrannt, die Augen geschlossen, den Arm hinterm Kopf verschränkt. Ich ging noch einmal zu den Schlüsselanhängern. Der Davidoff-Mann der Antike war leider nicht dabei. In München hatte ich ihn gesehen, den marmornen Barberinischen Faun, der sich nackt und breitbeinig mit geschlossenen Augen auf einem Felsen räkelt. Als Unterlage dient ihm ein Fell, aus seinem unteren Rücken wächst ein Pferdeschweif. Als Faun ist er halb Mann, halb Tier, ein Mischwesen. Seine Wildheit bleibt sogar im Schlaf erkennbar. Er kräuselt die Stirn, spannt die Muskeln an, als durchströme ihn eine innere Spannung, ein sehnendes, begehrendes Träumen. Gleichzeitig bändigt die Schlaftrunkenheit sein triebhaftes Wesen. Entblößt und ungeniert ruht dieser Körper in sich selbst, präsentiert sich all unseren Blicken, lange bevor Noah zwischen seinen Weinreben einschlief.

Jemand räusperte sich, ich schaute auf. Ein Mitarbeiter stand nun hinter dem Kassentresen. Er senkte den Blick, als ich grüßte. Möglicherweise war es derselbe Mann, der mich am Morgen geweckt hatte. Meine vielen umgehängten Taschen stießen gegen die Regale. Ich verließ den Shop wieder.

Da ich mein Gepäck nicht unbeaufsichtigt herumliegen lassen, es aber auch nicht ständig mit mir herumschleppen wollte, setzte ich mich im Cafébereich an einen Tisch, unweit der Ecke, in der ich nachts geschlafen hatte. Mehrere der LKW-Fahrer saßen nun wieder vor dem Fernseher und verfolgten, was auf dem Bildschirm gezeigt wurde. Die Waldbrände waren verschwunden, stattdessen lief ein Film, den ich als 90er-Jahre-Hollywoodromanze einstufte. Man sah eine blonde Frau, die mit besorgtem Blick und wehenden Haaren im Cabrio an einer Küstenstraße entlangfuhr. Der Film war auf Englisch mit griechischen Untertiteln. Der Anblick der LKW-Fahrer, die ihn gebannt verfolgten, löste ein Gefühl von Mitleid in mir aus. Zugleich kam ich mir snobistisch vor. Vor einigen Monaten hatte ich gedacht, den langweiligsten Film aller Zeiten im Kino gesehen zu haben, jetzt fragte ich mich, wie der Film wohl bei den Männern hier ankäme. Vielleicht war es gar nicht der langweiligste Film aller Zeiten gewesen, sondern ich nur übersättigt. Vielleicht hatte das virtuelle Überangebot es mir inzwischen unmöglich gemacht, einer langsamen Ästhetik zu folgen. Damals im Kino jedenfalls fühlte ich mich um meine Zeit betrogen, Zeit, für die ich bezahlt hatte. Als der Film vorbei gewesen war und wir in kleiner Runde vor dem Kino gestanden hatten, bemerkte ich, dass ich mit meiner negativen Kritik allein dastand, und sagte, dass ich wohl einfach nicht in der richtigen Stimmung gewesen war. Ich entschuldigte mich für meine Müdigkeit. Jemand aus der Gruppe behauptete daraufhin, dass es doch das Schönste sei, im Kino einzuschlafen, ihm passiere das ständig. Dann erwähnte er den New Yorker Fotografen Weegee, der in den 1940er Jahren schlafende Menschen im Kino fotografiert hatte. Er holte sein Handy raus und hielt uns kurz darauf das Display entgegen, damit alle das Schwarz-Weiß-Foto einer Frau sehen konnten, die zurückgelehnt in einem Kinosessel sitzt und offenmundig schläft. Wir lachten beim Anblick dieses Fotos. Warum? Nivelliert Komik Voyeurismus oder kann sie dem Voyeurismus als Deckmantel dienen? Wenn ich an die fotografierte Schlafende denke, erinnere ich mich immer noch an die Kuhle ihrer weißen Kehle, das leichte Doppelkinn, die tiefen Nasenlöcher, die Dunkelheit ihres offenen Mundes. Vielleicht suchen wir in der Betrachtung Schlafender immer auch ein Stück von uns selbst, weil wir uns schlafend selbst nicht sehen können.

Als der 90er-Jahre-Film auf der Fähre zu Ende war, blieb der Fernsehbildschirm für einen Moment aus, dann flackerten wieder die Waldbrände auf, nun jedoch als schwarz-weiße Bilder mit rauschendem Ton. Die meisten LKW-Fahrer erhoben sich schwerfällig und gingen Richtung Selfservice-Restaurant. Ich blieb sitzen, wühlte in meinen Taschen nach Proviant, aß trockene Gebäckstangen und Weintrauben, die ich ein paar Stunden vor der Abfahrt in Patras in einem Supermarkt gekauft hatte. Die Welt dieses Supermarkts, meine Füße auf dem frisch gewischten Fliesenboden dort, schien mir Lichtjahre entfernt.

Nach dem Essen stand ich auf, wischte mir die Krümel vom Schoß, streckte mich und beugte mich kopfüber nach vorne. Ich beneidete die Passagiere, die eine Kabine hatten. Nicht so sehr aufgrund der Betten, sondern weil sie in den Kabinen ihr Gepäck einschließen und sich unbeschwert an Bord bewegen konnten. Der Preis für einen Kabinenschlafplatz hätte mindestens das Doppelte eines regulären Tickets gekostet. Wer im Schutze der Privatheit schlafen will, muss es sich leisten können. Und doch ist dieser Umstand des Schlafens, allein in einem Bett, vor Blicken geschützt, abgeriegelt oder gar alarmbewacht, der Schlafumstand, der in der westlichen Welt seit der Moderne als normal und erstrebenswert gilt.[23] Ich weiß noch, als mein Bruder in ein Internat kam, verstörte mich vor allem die Tatsache, dass er dort fortan mit zwölf anderen in einem Saal schlafen würde.

Da eine Fährkabine für mich nicht in Frage kam, hatte ich mich über die Schlafbedingungen für Deckpassagiere informiert, und war so bei Tripadvisor gelandet, wo sich zahlreiche ehemalige Passagiere über schlafende Menschen an Bord beschwerten: »Im Selfservice-Restaurant konnte man nicht gescheit essen oder in Ruhe seinen Kaffee trinken, überall schliefen Leute. Sogar im Kinderspielbereich haben die sich breit gemacht.«[24]

Wie können Schlafende einen daran hindern, in Ruhe Kaffee zu trinken? Ist es die ungebetene Konfrontation mit einem Verhalten, das nicht als normal gilt? Können solche Abweichungen etwa als Provokation empfunden werden? Ist der Auslöser des Ärgers über schlafende Menschen im Kinderspielbereich möglicherweise nicht die schlafende Person selbst, sondern die Überforderung, sich dazu verhalten zu müssen? Resultiert daraus ein pieksendes Gefühl, das man lieber andere (nämlich die Verursacher:innen dieses Störgefühls) als sich selbst spüren lassen will?

Ich machte meine Dehnübungen weiter, schwang ein bisschen mit den Armen, und mein Blick fiel auf einen lockigen Backpacker mit Kopfhörern, der in einem der Sessel saß und schlief. Sein Kinn berührte fast die Brust, Haare fielen ihm in die Stirn. Vielleicht haben Schlafende auch eine Aura, die von den Wachen eine gewisse Bezugnahme fordert – Rücksicht, Empathie, Fürsorge.

Ein weiterer Kommentar, den ich bei Tripadvisor gelesen hatte und der bei mir haften blieb: »Der für die Beladung zuständige Offizier war nicht greifbar, hatte wohl eine ruhige, klimatisierte Kabine, brauchte ja auch seinen Schlaf :((! Lärm und Hitze bei uns hier unten waren eine Folter. Guantanamo war nicht weit.«[25]

brauchte ja auch seinen Schlaf – Der Schlaf als zur Disposition stehendes Menschenrecht? Guantanamo war nicht weit? In einem geheimen Bericht, den die CIA am 22. April 2005 an den US-amerikanischen Juristen Steven G. Bradbury schickte, wird die wahrscheinlich auch in Guantanamo angewandte Variante des liegenden Schlafentzugs folgendermaßen beschrieben:

»Zu Beginn des Programms stellten das Vernehmungsteam und die begleitenden Sanitäter in drei Fällen fest, dass die unteren Gliedmaßen von Häftlingen, die verhört wurden, nicht vertretbare Ödeme aufweisen konnten. Um den Gliedmaßen die Möglichkeit zu geben, sich zu erholen, ohne die Anforderungen an den Schlafentzug zu beeinträchtigen, wurden die Versuchspersonen einem horizontalen Schlafentzug unterzogen. Horizontaler Schlafentzug bedeutet, dass der Gefangene in Bauchlage auf einem dicken Handtuch oder einer Decke auf dem Boden liegt, eine Vorsichtsmaßnahme, die verhindern soll, dass die Körpertemperatur durch direkten Kontakt mit dem Zellenboden sinkt. Die Hände des Gefangenen werden gefesselt und die Arme ausgestreckt, entweder über den Kopf oder zu beiden Seiten des Körpers, und an einem weit entfernten Punkt auf dem Boden verankert, so dass die Arme weder angewinkelt noch zur Unterstützung von Gleichgewicht und Bequemlichkeit positioniert werden können. Gleichzeitig sind die Knöchel aneinandergefesselt und die Beine in einer geraden Linie mit dem Körper ausgestreckt und an einem weit entfernten Punkt auf dem Boden verankert, so dass die Beine weder angewinkelt noch zur Unterstützung von Gleichgewicht und Bequemlichkeit positioniert werden können. Hand- und Fußfesseln sind so verankert, dass keine zusätzliche Belastung auf die Arm- oder Beingelenke ausgeübt wird, die die Gliedmaßen über ihre natürliche Streckung hinaus zwingen oder Spannungen in den Gelenken erzeugen könnte. Die Position ist für die Gefangenen ausreichend unangenehm, um ihnen einen ununterbrochenen Schlaf zu verwehren, während sich ihre unteren Gliedmaßen von den Auswirkungen des stehenden Schlafentzugs erholen können. Alle Standardvorkehrungen und -verfahren für Fesselungen der Hände und Füße werden in dieser Position eingehalten. Der horizontale Schlafentzug wurde so lange angewandt, bis sich die betroffenen Gliedmaßen des Häftlings ausreichend erholt hatten, um je nach den Erfordernissen des Vernehmungsteams und vorbehaltlich der Feststellung des Amtsarztes, dass keine Kontraindikationen für die Wiederaufnahme anderer Formen des Schlafentzugs bestehen, in den sitzenden oder stehenden Schlafentzugsmodus zurückzukehren.«[26]

Der am Boden liegende Mensch als der Mensch in Tiernähe.

Der am Boden liegende Mensch als der lasterhafte Mensch.

Der auf dem Boden Schlafende als »das Andere«.[27]

Die übrigen Stunden der Fährfahrt setzte ich mich mit meinem Notizheft an einen Fensterplatz im Cafébereich und schaute hinaus. Der Himmel war blau und wolkenlos. Das Meer glitzerte. Ich wickelte mir einen Pullover um den Hals, wegen der Klimaanlage. Dachte daran, dass ich nun selbst an einem öffentlichen Ort geschlafen hatte und dass mir nichts passiert war. Mir war nichts passiert. Man hatte mich bis zum Morgen in Ruhe gelassen.

Meine Gedanken kehrten zu einem Einschnitt in meiner Familiengeschichte zurück. Zu einem nie versiegenden Wundern über ein nie zu verstehendes Verbrechen. Mir war nichts passiert. Meine Cousine wurde im Schlaf erstochen. Immer wieder denke ich: IM SCHLAF.

Sie schlief!

Wie konnte der Täter VOR IHREM SCHLAF nicht einhalten?

Wie konnte der Täter DURCH IHREN SCHLAF so provoziert werden?

Schlief sie wirklich?

Wegnicken, wegdösen, wegpennen – wer schläft, ist nicht da.

Sie war zur falschen Zeit am falschen Ort.

Im Schlaf.

Entschlafen.

Sie übernachtete bei ihm.

Es ist ein Vertrauensbeweis, bei jemandem zu übernachten. Es ist ein Vertrauensbeweis, jemanden bei sich übernachten zu lassen.

Dass man mir als Passagierin auf einem Koloss aus Stahl, in dessen dreistöckigem Frachtraum LKWs, Autos, Busse, Wohnmobile, Motorräder eng an eng standen, der Unmengen rußgrauer Treibstoffwolken in den Himmel stieß, der an Häfen mit unverständlichen Rufen an- und abgebunden wurde, dass man mir dort erlaubt hatte, mich nachts schlafen zu legen, empfand ich auf einmal deutlich als ein zerbrechliches Zeichen der Menschlichkeit.

Am späten Nachmittag tauchte Italiens Küstenstreifen als matter Schatten am Horizont auf. Eine neue Lebendigkeit kroch an Bord, ein langsames Erwachen. Als die Gemäuer der Mole Anconas nur noch wenige hundert Meter entfernt, die Häuser der Stadt mit bloßen Augen gut erkennbar waren und das Lotsenboot an der Fähre vorbeischnellte, standen die meisten Passagiere wie ich an der Reling. Viele filmten. Nur die LKW-Fahrer hielten sich schon im Treppenhaus auf und warteten darauf, dass die Türen zum Frachtraum geöffnet wurden.

Nach dem Anlegen teilte eine knackende Stimme aus dem Lautsprecher mit, dass man sich noch etwas gedulden müsse, ehe man runter zu den Fahrzeugen und schließlich von Bord gehen könne. Genervtes Geraune, Gedränge. Ich blieb ruhig. Hörte die Rufe am Pier. Motorenrauschen, Eisenketten, Wellenschaum, Kindergeschrei, mütterliche Stimmen. Ich roch Zigaretten, Öl, fauligen Müll, Diesel und Pflanzen vom Land. Ich sah das wehende graue Haar eines Speedbootfahrers, Plastikteile, aufgewirbelten Tang, und in diesen Minuten war mir, als kamen wir nicht nur an, sondern traten auch aus etwas heraus, ließen etwas zurück, das hinter uns über dem Ozean blieb.

1 Siehe dazu: Till Roenneberg, Elizabeth B. Klerman: Chronobiology. A Short Introduction, in: *Somnologie* 23 (2019), Nr. 3, S. 142–146.

2 Zitiert nach Klaus Wilhelm: Chronobiologie: Innere Uhren im Takt, Max-Planck-Gesellschaft, 12.10.2016, mpg.de/10778204

3 Jonathan Crary: *24/7. Schlaflos im Spätkapitalismus*, Berlin 2021. S. 35: »Der Slogan 24/7 propagiert eine Zeit ohne Zeit, eine Zeit, die aus allen materiellen oder bestimmbaren Umgrenzungen herausgelöst ist, eine Zeit ohne Abfolge oder Wiederholung.«

4 Ebd., S. 18.

5 Vgl. ebd., S. 35: »[Der Slogan 24/7] beseitigt die Bedeutung oder den Wert der Pause und der Veränderlichkeit.«

6 Vgl. Éva Koczicszky: *Der Schlaf in Kunst und Literatur. Konzepte im Wandel von der Antike zur Moderne*, Berlin 2019, S. 53–59.

7 Fabian Goppelsröder: *Aisthetik der Müdigkeit*, Zürich 2018, S. 141.

8 Ebd., S. 44 f.

9 Tobias Rösmann: »Feldmann hat gar nichts hinbekommen«. Interview mit Bernadette Weyland, Frankfurter Allgemeine, 2.2.2018, faz.net/-15428587.html

10 Paul Roquet: Ambient Literature and the Aesthetics of Calm. Mood Regulation in Contemporary Japanese Fiction, in: *The Journal of Japanese Studies* 35 (2009), Nr. 1, S. 87–111, hier: S. 87.

11 Tipps gegen Jetlag zitiert nach off-the-path.com/was-tun-gegen-jetlag

12 BED PEACE starring John Lennon & Yoko Ono (1969), youtu.be/mRjjiOV003Q

13 Girl Fall [sic] Asleep on the Shoulders of Strangers, youtu.be/qeDiNIkx3N4

14 Crary 2021, S. 20.

15 Matthew Walker: *Das große Buch vom Schlaf. Die enorme Bedeutung des Schlafs. Beste Vorbeugung gegen Alzheimer, Krebs, Herzinfarkt und vieles mehr,* Leipzig 2018.

16 Vgl. Marc Wittmann, Jenny Dinich, Martha Merrow, Till Roenneberg: Social Jetlag: Misalignment of Biological and Social Time, in: *Chronobiology International* 23 (2006), Nr. 1 & 2, S. 497–509.

17 Siehe: b-society.org

18 Vgl. Wittmann et al. 2006.

19 Siehe: b-society.org/chronobiology

20 Benjamin Reiss: Op-Ed. Sleeping in public is taboo. Unless you're young, white and privileged, Los Angeles Times, 24.5.2018, latimes.com/opinion/op-ed/la-oe-reiss-prohibitions-on-public-sleeping-20180524-story.html

21 Vgl. Marianne Streisand: Intimität / intim, in: Karlheinz Barck (Hg.) u. a.: *Ästhetische Grundbegriffe*, Bd. 3, Stuttgart 2010, S. 180.

22 Jørgen Riis Jepsen, Zhiwei Zhao, Wessel M. A. van Leeuwen: Seafarer fatigue: A review of risk factors, consequences for seafarers' health and safety and options for mitigation, in: *International Maritime Health* 66 (2015), Nr. 2, S. 106–117.

23 Vgl. Benjamin Reiss: *Wild Nights. How Taming Sleep Created Our Restless World*, New York 2017, insb. S. 1–56 und S. 199–222.

24 Zitiert nach tripadvisor.de/Profile/sotirial789, Tippfehler wurden korrigiert.

25 Zitiert nach tripadvisor.de/Profile/123gertp, Tippfehler wurden korrigiert.

26 CIA Memo re: »horizontal sleep deprivation« and the use of waterboarding in conjunction with other techniques, The Torture Database, 22.4.2005, thetorturedatabase.org/document/cia-memo-re-horizontal-sleep-deprivation-and-use-waterboarding-conjunction-other-techniques [Übersetzung von der Autorin].

27 Zur eurozentrischen Perspektive auf den »richtigen« Schlaf vgl. Reiss 2017, S. 12.

Alle Links wurden am 12. August 2024 zuletzt abgerufen.

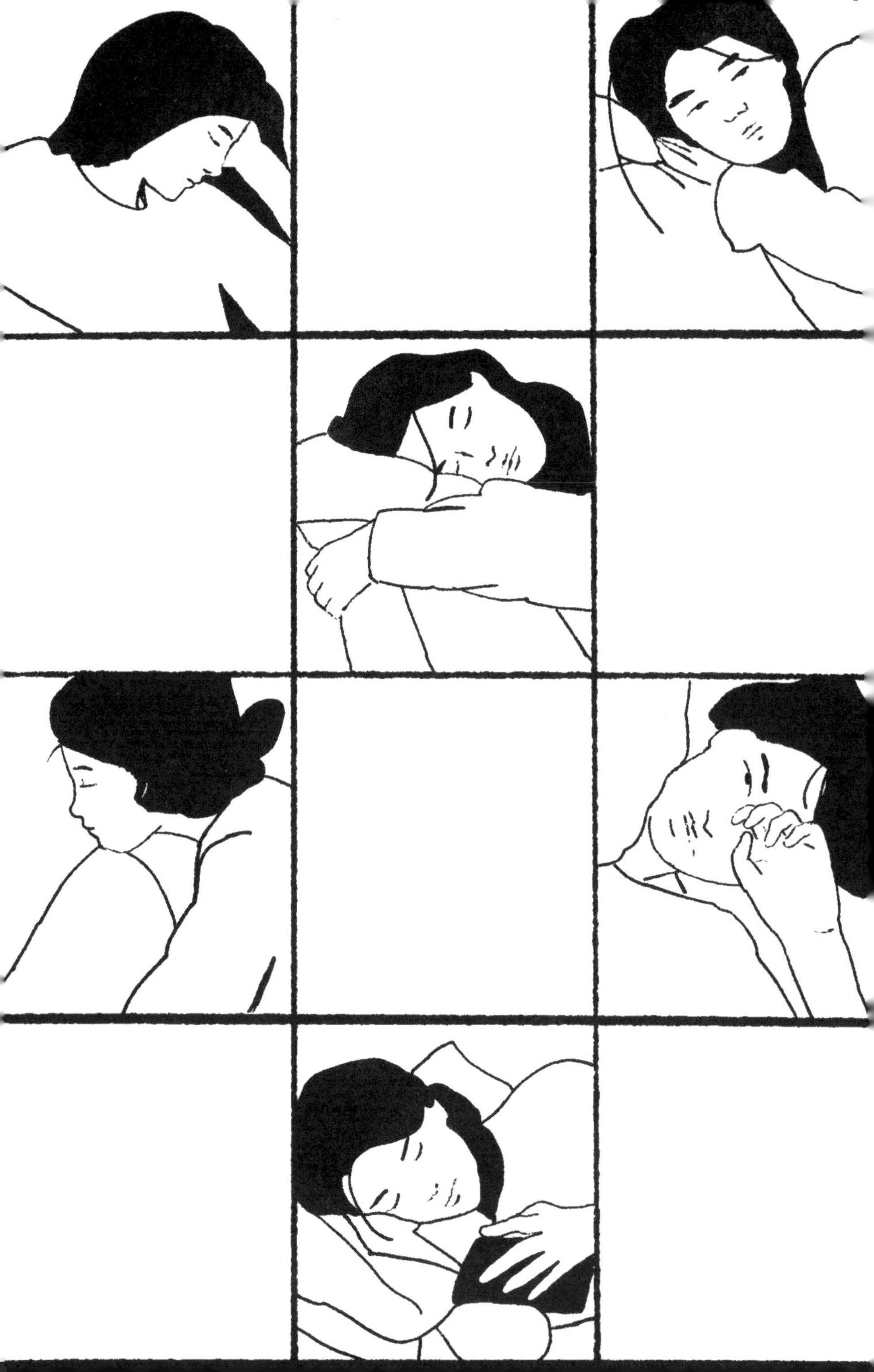